Hans Kruppa

Sternstunden des Lebens

Die schönsten
GlücksWeisheiten

HERDER

FREIBURG · BASEL · WIEN

© für diese Ausgabe: Verlag Herder GmbH,
Freiburg im Breisgau 2008
© an den Texten: Hans Kruppa 2008
Alle Rechte vorbehalten
www.herder.de

Gesamtgestaltung und Satz:
creativ connect, Karin Huber, München
Herstellung: fgb · freiburger graphische
betriebe · www.fgb.de

Gedruckt auf umweltfreundlichem,
chlorfrei gebleichtem Papier
Printed in Germany

ISBN 978-3-451-29903-2

Inhalt

Glückszustände

Was ist Glück

Glück ist nicht
eine Folge des äußeren,
sondern des inneren Wohlstands
eines Menschen –

des Reichtums seiner Seele,
der Tiefe seines Empfindens,
der Schönheit seines Wesens,
der Weite seines Herzens.

Glück im Glück

Wenn etwas
Wunderschönes
dich überwältigt
und sprachlos
vor Glück macht —

und niemand
ist weit und breit,
den es stört.

Unhaltbar

Kein Glück ist von Dauer,
aber auch kein Unglück –
die Vergänglichkeit ist
eine zuverlässige Kraft.
Doch das ist kein
Grund zur Resignation,
sondern ein zusätzlicher Reiz,
das Glück in vollen Zügen
zu genießen,
gerade weil es sich
nicht halten läßt.

Lebensgenuß

Wenn wir nicht
mehr denken können,
weil wir so sehr
das Leben genießen,
das uns durchströmt −

sind wir dann nicht
undenkbar glücklich?

Freude

Freude ist
ein sonniges Lächeln,
das plötzlich entsteht
in der Nähe eines Menschen –

und man hält
mitten im Satz inne,
weil die Worte nur
den Sinn hatten,
dieses Lächeln
hervorzulocken.

Lebensfreude

Das Lächeln,
das niemand sieht,
ist immer echt.

Das Lachen,
das keiner hört,
ist immer wahr.

Lebensfreude,
die keine Zeugen braucht,
ist immer authentisch.

Was es ist

Nichts ist von Dauer
in diesem befristeten Leben,
und sicher ist nur der Tod.
Alles gleitet uns aus den Händen
und wird zu Erinnerungen.

Unter diesen Bedingungen
gibt es keine Alternative
zum Erleben des Glücks.

Man muß nur wissen,
was es ist.

Zustände des Glücks

Ein langlebiger Zustand
kleinen Glücks
ist wesentlich wertvoller
als ein kurzlebiger Zustand
großen Glücks.
Der erste gleicht einem kleinen Feuer,
an dem man sich immer wärmen kann,
wenn man friert.
Der zweite gleicht einem großen Feuer,
dessen Kraft berauscht,
das aber eine bittere,
meist unverhoffte Kälte nach sich zieht,
wenn es erlöscht.

Das Glück

Das Glück kommt und geht,
doch es kommt eher
in ein offenes Herz
als in ein verschlossenes,
es kommt eher
zu einem Optimisten
als zu einem Pessimisten,
es kommt eher
zu einem Sehnsüchtigen
als zu einem Selbstsüchtigen –

aber ob und wann es kommt,
weiß allein das Glück.

Himmlisch

Über den Wolken
der Sprache gibt es
einen wunderbaren Himmel
des Schweigens,
den nur die Seele kennt,
die keine Angst
vor dem Fliegen hat.

Nur das

Nur das ist
ein wirklich freier Tag,
der keinem Zweck dient –
und einfach nur erlebt wird.

Nur das ist
ein wahrer Feiertag,
der nicht durch
ein Datum bestimmt wird,
sondern durch ein unverhofftes,
überschäumendes Lebensgefühl.

Lied der Seele

Sehnsucht
ist ein Lied der Seele,
das sie singt,
wenn sie Fernweh
oder Heimweh hat.

In der zarten
Melodie dieses Liedes
liegt der Schlüssel
zu unserem Lebensglück.

In Frieden

Wer glücklich ist,
kennt keinen Neid.

Wer in sich zu Hause ist,
dem liegt Mißgunst fern.

Wer mit sich in Frieden lebt,
legt keinen Wert auf Streit.

Glückswege

Der Weg zur Freude

Willst du den Weg
zur Freude gehen?
Dann zieh dir die Schuhe
des Vertrauens an,
die Jacke der Zuversicht,
setz dir den Hut
des Mutes auf
und steck dir
die Schlüssel der Geduld
und der Gelassenheit
in die Tasche,
mit denen du die Türen
zum Glück öffnest.

Der neue Tag

Gehe möglichst sorglos
und offen in den neuen Tag,
begrüße ihn ohne Vorurteile
und sei immer darauf gefaßt,
daß etwas Unfaßbares geschieht.

Ausruhen

Den richtigen
Platz finden
und ausruhen.
Alles zu sich
kommen lassen.
Und erst
von dort fortgehen,
wenn der Glanz
des Lebens aus
dem eigenen
Inneren leuchtet.

Ein guter Weg

Hör auf zu suchen,
hör auf zu wünschen.
Schließ die Augen
und entspanne dich
ins Leben hinein.

Das ist ein guter Weg
ins Finden,
in die Erfüllung,
in die Wunschlosigkeit.

Lebe das Lebenswerte

Sei dir immer der Kostbarkeit
deiner Lebenszeit bewußt
und vertue sie nicht
mit leeren Gesprächen,
sinnlosen Anstrengungen
und fruchtlosen Beziehungen.

Lebe das Lebenswerte,
das dich inspiriert
und dir Glück schenkt.
Gehe dir auf den Grund,
erkenne dein wahres Wesen –
und lebe wesentlich.

Zwischen den Zeilen

Wenn du
im Buch des Lebens
zwischen den Zeilen liest,
verstehst du und gehst
den schnellsten Weg zum Glück,
umarmst den Augenblick,
der es gut mit dir meint.

Und du wirst nicht verstehen,
warum du nicht eher
verstanden hast.

Vertraue dir

Vertraue dir selbst,
glaube an dich,
und du wirst
die Lebenskraft ausstrahlen,
die anderen Menschen hilft,
dir zu vertrauen,
an dich zu glauben.

Gerade dieser Glaube

Manches glückt uns nur,
wenn wir daran glauben,
daß es uns gelingt –

denn gerade dieser Glaube
gibt uns die nötige Kraft
und innere Leichtigkeit,
um das zu verwirklichen,
was wir uns erträumen.

Traue deinen Träumen

Solange deine Sehnsucht lebt,
solange deine Träume glänzen,
solange deine Wünsche leuchten,
lebst du, glänzt du, leuchtest du.

Folge deiner Sehnsucht,
traue deinen Träumen –
und deine Wünsche
nähern sich ihrer Erfüllung.

Hilfe von innen

Höre immer
auf deine innere Stimme,
wenn du den Weg gehst,
der dich ans Ziel
deiner Wünsche bringen soll.

Und wenn du dich
manchmal einsam fühlst,
erinnere dich daran,
daß du dein eigener Freund bist.

Ohne Berechnung

Wer ziellos geht,
findet den besten Weg.

Wer absichtslos handelt,
handelt in bester Absicht.

Wer nichts berechnet,
erzielt den größten Gewinn.

Nur dann

Nur wer gewisse
seiner Ängste überwindet,
kann die befreiende
Erfahrung machen,
daß er sie nie
hätte haben müssen.

Bleibe geduldig

Verliere nicht deinen Mut
und deine Hoffnung,
wenn du eine
seelische Durststrecke
überstehen mußt.

Bleibe geduldig,
anstatt wertvolle Kraft
an Zweifel zu verschwenden,
die deinen Schritt schwer
und deinen Blick unsicher machen.

Glückswirken

Ursache und Wirkung

Was du mit
reinem Herzen tust,
ist immer schön.

Was du mit
gutem Gewissen machst,
ist immer richtig.

Was du mit
heiterer Seele unternimmst,
spendet immer Licht.

Unsere Träume

Unsere Träume können
sich nur dann erfüllen,
wenn wir unbeirrbar
an ihre Erfüllbarkeit glauben –
denn gerade unser Glaube
gibt ihnen die Kraft,
schließlich wahr zu werden.

Selbstbestimmung

Nichts ist trist,
wenn du fröhlich bist.
Alles ist trist,
wenn du traurig bist.

Du bestimmst
die Stimmung
der Wirklichkeit.

Farbgebung

Alles ist bunt,
wenn ich fröhlich bin.
Alles ist grau,
wenn ich traurig bin.

Ich bestimme
die Farben
meiner Umgebung.

Glück und Verstand

Wer mehr Glück
als Verstand haben will,
darf seinen Verstand
nicht seinem Glück
in den Weg stellen.

Warte nicht

Warte nicht
auf das Wunder.
Versuche lieber,
ihm den Weg freizulegen.

Denn es wird nur geschehen,
wenn du bereit bist,
es zu umarmen.

Subjektivität

Die Wirklichkeit ist so,
wie ich sie sehe,
ihr Zustand ist von
meinem Zustand abhängig.

Bin ich glücklich,
ist die Welt ein Paradies.
Leide ich,
ist sie die Hölle.

Sichtweisen

Skeptische Blicke
finden überall Mängel.

Nur vertrauensvollen Augen
offenbart das Leben
seine ganze Schönheit.

Vertrauen

Wer daran zweifelt,
ein Ziel zu erreichen,
das er sich gesetzt hat,
stellt sich selbst
Hindernisse in den Weg.

Skepsis und Zweifel machen
jeden Weg lang und schwer.
Vertrauen in die eigene Kraft
kann Flügel verleihen.

Treue

Daß die Erfahrung
meine Träume
immer aufs neue
im Stich gelassen hat,
ist ein Grund mehr,
zu ihnen zu stehen.

Wie die Liebe es will

Nur wenn zwei Menschen
eine Liebe,
die zwischen ihnen entsteht,
so wachsen lassen,
wie sie es will,
werden sie
das ganze Glück erleben,
das diese Liebe
ihnen schenken kann.

Voraussetzungen

Du mußt glücklich sein,
um andere glücklich zu machen.

Du mußt andere glücklich machen,
um glücklich zu bleiben.

Du mußt glücklich bleiben,
um andere glücklich zu machen.

Glückskompaß

Wenn du nicht
an dein Glück glaubst,
wird es nicht
den Weg zu dir finden.

Dein Glaube
ist sein Kompaß,
der es zu dir führt.

Fraglos

Ein Unglück kommt
bekanntlich selten allein.

Ein Glück kommt
oft zu zwei Menschen,
die es wagen,
sich zu öffnen,
ohne viel zu fragen.

Hingabe

Sich der schönen Situation
ohne Zögern hingeben.

Aus dieser Hingabe
entsteht Intensität,
erwächst Magie,
die uns auf eine Ebene trägt,
wo in jedem Augenblick
das Glück berührbar ist.

Glücksgefühle

Entdecke dich

Folge deinen Impulsen,
solange sie dich inspirieren.

Verwirkliche deine Ideen,
solange sie dich begeistern.

Lebe deine Gefühle,
solange sie leben.

Entdecke dich,
solange du lebst.

Innere Wunder

Viele unserer Ängste

sind nichts als

Riegel vor den Türen

zu den Gemächern

des Märchenpalastes

unserer Seele.

Doch kein Riegel

kann auf die Dauer

unserem Verlangen widerstehen,

unsere inneren Wunder

zu entdecken.

Nirgendwo sonst

Wenn keine Schönheit,
keine Freude und kein Glück
tief in dir selbst,
in deiner eigenen Seele sind,
wirst du sie nirgendwo
auf dieser Welt finden.

Lebensgefühl

Nutze den
magischen Augenblick,
der dir die Tür öffnet
in ein Lebensgefühl,
das dich erfüllt
und inspiriert.

Langes Zögern
ist sicheres Scheitern.

Zeige es!

Wenn du das Glück
in deinem Leben
halten willst,
zeige ihm jeden Tag,
wie sehr du es liebst.

Glückwünsche

Ich wünsche dir Glück,
deinem Herzen Liebe,
deiner Seele Höhenflüge,
deinem Leben den besten Weg,
deinem Denken Weisheit
und deinem Handeln Mut.

Und ich wünsche dir Zeit,
denn sie ist der Atem der Freiheit.

Vorsatz

Nie wieder
neben sich selbst stehen!

Sich in die Tiefen
des richtigen Augenblicks
sinken lassen —
und im Leben aufgehen.

Lebenslust

Offen und lebendig
bleibt der Mensch,
der sich mit
dem bunten Schirm
neugieriger Lebenslust
gegen den Regen
der Routine schützt.

Maßstab

Wer das befreiende Glück
der Selbstlosigkeit
nicht kennt,
ist noch sehr weit
von seinem
wahren Selbst entfernt.

Gewissensfrage

Du lebst richtig,
wenn du auf die Frage,
wie du heute
leben würdest,
wenn du morgen
sterben müßtest,
antworten kannst:

So wie gestern.

Erlaubnisfrage

Letztlich zählt der Augenblick,
die unmittelbare Gegenwart,
in der allein das Leben
zu sich selbst
und zu uns finden kann –
wenn wir es ihm erlauben.

Alltagskunst

Die größte
Herausforderung des Alltags
besteht darin,
sich von seinen
unangenehmen Seiten
nicht bedrücken –
und von seinen
angenehmen Seiten
beglücken zu lassen.

Nicht alle Anfänge

Nicht aller Anfang ist schwer,
mancher ist federleicht.
Mancher kann uns
ins Wunderbare tragen,

wenn wir leicht genug sind,
uns aufheben zu lassen.

Finderlohn

Hinter den Kulissen
des Alltäglichen
sind kleine Wunder versteckt,
die auf glückliche Finder warten.

Täglich auf's neue

Das Leben ist
ein Geschenk an uns,
das wir täglich aufs neue
mit Freude empfangen,
entdecken und verstehen sollten.

Das Leben hat
täglich Geburtstag.

Glückschancen

Was entscheidend ist

Bist du freundlich,
hält man dich für schwach.
Bist du idealistisch,
hält man dich für weltfremd.
Bist du lieb,
hält man dich für naiv.
Bist du ehrlich,
hält man dich für dumm.

Entscheidend ist,
was du von dir hältst.

Chancen

Versäumen wir
den richtigen Augenblick,
haben wir eine Chance verpaßt,
die vielleicht nie wiederkommt.

Doch wenn wir ihr nachtrauern,
sehen wir nicht die nächste,
die sich uns bietet.

Dieser Augenblick

Dieser Augenblick,
nicht der vergangene
oder der kommende,
der jetzige Augenblick
ist die einzige Tür
ins wahre Leben.

Öffne sie augenblicklich –
oder du öffnest sie nie.

Jeder neue Tag

Jeder neue Tag
ist eine neue Chance,
sich selbst zu begegnen,
bei sich zu bleiben
und mit sich zu gehen.

Jeder neue Tag
ist eine neue Chance,
sich zu finden,
in sich fündig zu werden,
aus sich heraus zu geben.

Zeitgefühl

Denke in
den schönen Stunden
nie an ihre Vergänglichkeit.

Dazu sind
die schlechten da.

Lebensgefühl

Nutze den
magischen Augenblick,
der dir die Tür öffnet
in ein Lebensgefühl,
das dich erfüllt
und inspiriert.

Langes Zögern
ist sicheres Scheitern.

Kondolenz

Lieber das bekannte Unglück
als das unbekannte Glück?
Sicher ist sicher,
es könnte ja immer
noch schlimmer kommen?
Lieber die vertraute Angst
als das beängstigende
Vertrauen ins Leben?

Herzliches Beileid!

Bleibe gelassen

Begegne allen
Widrigkeiten des Lebens
mit Gelassenheit,
und du wirst
deine innere Ruhe bewahren,
die du brauchst,
um die Glücksmomente auszukosten,
die das Leben dir schenkt.

Mut und Zuversicht

Mut und Zuversicht
sind Geschwister,
und ihre Mutter heißt
Selbstvertrauen.

Wer an sich glaubt,
belastet sich nicht
mit quälenden Zweifeln
und steht sich nicht selbst
im Weg auf der Reise
ans Ziel seiner Wünsche.

Die Bessere

Folge deiner inneren Stimme.
Und wenn du zwei
widersprüchliche Stimmen hörst,
folge der, die zärtlicher klingt,
weiser und gelassener –
folge der besseren.

Ein verlorener Tag

Ein Tag
ohne ein Lächeln,
ohne ein Lachen,
ohne Momente
der Liebe und Lebensfreude
ist im Grunde
ein verlorener Tag.

Was not tut

Was droht,
ist der Tod
vor dem Tod.

Was not tut,
ist das,
was gut tut.

Glaubenstreue

Ein schöner Traum zerbrach –
obwohl du dein Bestes gabst,
um ihn zu verwirklichen.

Doch laß die Traurigkeit darüber
dich nicht dazu verführen,
den Glauben an die Erfüllbarkeit
deiner Träume zu verlieren.

Glücksweisen

Lebensweisheit

Es gibt eigentlich
keine größere Weisheit,
als in jedem schönen Moment,
den das Leben uns schenkt,
so aufzugehen,
als sei es der letzte.

Zeitverhältnis

Ein kleiner Augenblick,

in dem die Seele

vor Freude tanzt,

wiegt mehr

als viele Stunden,

in denen der Körper

in Genüssen schwelgt

Kopf und Herz

Der Kopf hat
schon viele überheblich,
einige bedeutend,
und noch niemanden
glücklich gemacht.

Das Herz hat
noch niemanden überheblich,
einige bedeutend
und schon viele
glücklich gemacht.

Glücksfall

Wer seine
Glücksgefühle
nicht für sich
behalten kann,
ist wie ein Fluß,
der ödes Land
fruchtbar macht.

Problembehandlung

Fast jedes Problem
ähnelt einem Luftballon.
Wir halten ihn in den Händen
und können selbst entscheiden,
ob wir ihn so weit aufblasen,
daß er uns die Sicht versperrt,
oder ob wir unseren Atem
nicht an ihn verschwenden.

Nur im Gleichgewicht

Besser,

du lebst allein,

als mit einem Menschen,

der dir mehr nimmt,

als er dir gibt.

Glück und Freude leben

nur im Gleichgewicht

zwischen Geben und Empfangen.

Das Licht

Das Licht des
Wunderbaren im Alltag
erkennst du nur,
wenn du jedem
neuen Augenblick mit
offenem Herzen begegnest.

Dankbarkeit

Wenn dir
jemand viel gibt,
sei nicht so undankbar,
mehr von ihm zu verlangen.

Danke dem Menschen,
der dir Gutes schenkt,
lieber einmal zu viel
als einmal zu wenig.

Träume

Träume öffnen Räume
in die Freiheit
langersehnter Gefühle.
Sie lenken unsere Schritte
auf den Weg zu
immer höheren Spielarten
der Freude am Leben.
Sie sind der
Glückskompaß des Herzens
bei der Wanderschaft
durch das Chaos der Welt.

Wünsche

Laß dir die Freude darüber,
daß einige deiner Wünsche
in Erfüllung gegangen sind,
nicht dadurch verderben,
daß andere sich
nicht erfüllt haben.

Glanzlichter

Menschen, die uns
zum Lächeln bringen können,
wenn wir nur an sie denken,
sind Glanzlichter in einer
von Zweck und Zwang
verdunkelten Gefühlswelt.

Beständigkeit

Rechne nicht
mit der Beständigkeit
schöner Gefühle,
aber rechne mit
der Beständigkeit
deiner Sehnsucht
nach ihnen.

Anziehungskräfte

Das Schlechte
zieht das Schlechte an,
ein Unglücklicher
bleibt selten allein,
der Skeptiker trifft
auf den Betrüger.

Zum Heiteren
gesellt sich Heiterkeit,
zum Liebevollen
kommt die Zärtlichkeit,
die glückliche Seele
erlebt Glückseligkeit.

Glück und Geist

Ein Tropfen Glück
ist mehr wert
als ein Becher
voll Geist.

Also ist es geistvoll,
seinen Becher
so zu halten,
daß möglichst
viele Glückstropfen
in ihn fallen.

Über den Autor

Hans Kruppa ist einer der meistgelesenen
deutschen Dichter und Erzähler.
Er lebt als freier Schriftsteller in Bremen.
Seine Gedichte und Märchen, Erzählungen und
Romane, Aphorismen und Kurzgeschichten
hat er in rund hundert Büchern mit einer
Gesamtauflage von über zwei Millionen
veröffentlicht. Einige seiner Werke wurden
in andere Sprachen übersetzt.
Für sein schriftstellerisches Werk wurde
Hans Kruppa mit dem New Yorker
Otto-Mainzer-Preis ausgezeichnet.

»Er vermittelt durch seine Arbeiten Hoffnung,
Lebensbewältigung, Kraft.
Und das macht ihn so wichtig.«
(Passauer Neue Presse)

Mehr Informationen: www.hans-kruppa.de